LENE KNUDSEN

PHOTOGRAPHIES DE RICHARD BOUTIN

mug cakes

Les gâteaux fondants et moelleux
prêts en 5 minutes chrono

LES PETITS PLATS

MARABOUT

ORIGINAUX & AUTHENTIQUES
DEPUIS L'AN 2000

Sommaire

Faire ses mug cakes

Le mug cake, qui vient des États-Unis, est un gâteau fun et rapide à faire, que l'on peut sans cesse réinventer en fonction de ce qu'il y a dans la cuisine, pour un moment sucré jamais semblable au précédent. Pour réussir parfaitement un mug cake, voici quelques conseils...

PRÉPARATION EXPRESS

Toutes les quantités sont données en cuillerées afin de faciliter la préparation et de ne pas avoir à peser les ingrédients. Ceci dit, la taille des cuillères à soupe et des cuillères à café varie considérablement selon les modèles. Voici donc les équivalences prises en compte dans les recettes de cet ouvrage :

– 1 cuillère à soupe rase de farine = 8 g

– 1 cuillère à soupe rase de sucre = 11 g

– 1 cuillère à soupe de crème liquide = 11 g

– 1 cuillère à café rase de levure chimique = 3 g

– 1 fine lamelle de beurre = 10 g

– 1 tranche de beurre de 1/2 cm d'épaisseur = 15 g

– 1 tranche de beurre de 1 cm d'épaisseur = 30 g

Battre soigneusement la préparation pendant 1 à 2 minutes avant l'ajout de farine ; sinon, il y aura trop de bulles à la surface.

Les meilleurs ustensiles pour touiller sont la fourchette et la mini spatule souple.

CUISSON : LA MAÎTRISE DU MICRO-ONDES

La cuisson du mug cake se poursuit hors du micro-ondes. Si, à la sortie du four, la surface du gâteau est encore un peu molle, pas d'inquiétude : elle va sécher et se raffermir 1 ou 2 minutes plus tard.

Il faudra peut-être réduire ou augmenter le temps de cuisson pour obtenir un résultat parfait, la puissance affichée de chaque micro-ondes pouvant varier d'un appareil à l'autre.

Quand on emploie du chocolat dans un mug cake, ce dernier tend à sécher plus rapidement !

Il faut veiller à n'utiliser que des mugs allant au micro-ondes, et donc à ne jamais utiliser des tasses anciennes par exemple.

MANGER SANS ATTENDRE

Le mug cake se mange tout de suite (enfin, dès qu'il n'est plus brûlant). Comme il est cuit au micro-ondes, c'est un gâteau qui sèche vite et ne se conserve pas !

Les mug cookies se mangent avec une petite cuillère, directement dans la tasse. Ce sont des cookies moelleux et non croquants, à déguster chauds ou tièdes.

Toppings

Le mug cake est encore plus inouï surmonté d'une couche de quelque chose : un glaçage, un coulis, une crème, une sauce... à déposer sur le gâteau à la sortie du micro-ondes.

SAUCE AU CHOCOLAT

Mettre 5 carrés de chocolat dans un mug et les faire fondre pendant 30 secondes au micro-ondes (800 watts). Ajouter 1 cuillère à café d'huile neutre et bien remuer : le mélange doit être homogène.

SAUCE CARAMBAR®

Plier 2 Carambar® et les disposer au fond d'un mug ou d'un bol avec 1 cuillère à soupe de crème liquide. Faire cuire pendant environ 30 secondes au micro-ondes (800 watts), puis mélanger soigneusement pour homogénéiser la sauce et réserver.

GLAÇAGE

Mettre 4 cuillères à soupe rases de sucre glace et 1 cuillère à café d'eau dans un petit bol. Bien mélanger avec une cuillère et verser sur le mug cake après cuisson. Pour finir, décorer avec ½ cuillère à café de mini billes de sucre multicolores.

SAUCE AU CHOCOLAT BLANC

Mettre 6 carrés de chocolat blanc dans un mug, ajouter 2 cuillères à soupe de crème liquide et faire fondre au micro-ondes (800 watts) pendant environ 30 secondes. Sortir, puis mélanger pour homogénéiser la consistance de la sauce. Si elle est trop ferme, la repasser au micro-ondes pendant encore 10 secondes. Réserver.

COULIS DE FRUITS

Écraser dans un bol 6 petites cuillères à soupe de fruits rouges avec 2 cuillères à soupe rases de sucre glace. Bien mélanger, puis verser un filet de ce coulis de fruits rouges sur le mug cake.

GLAÇAGE AU CREAM CHEESE

Dans un bol, mélanger 1 Carré frais® de 75 g avec 1 tranche de beurre mou de 0,5 cm d'épaisseur (16 g), 4 cuillères à soupe rases de sucre glace et 1 cuillère à café rase de zeste de citron. Remuer jusqu'à ce que l'ensemble soit bien homogène. Sortir le mug du micro-ondes et couvrir la surface d'une petite couche de frosting.

CHANTILLY FRAMBOISE

Monter 25 cl de crème bien froide en chantilly avec un batteur électrique. Quand la chantilly commence à prendre, verser ½ sachet de cremfix (facultatif) et 4 cuillères à soupe rases de sucre glace puis battre jusqu'à ce qu'elle soit bien ferme. Ajouter ½ barquette de framboises fraîches et remuer délicatement avec une grande spatule en caoutchouc pour que les framboises se mélangent bien.

mug cake vanille

INGRÉDIENTS

1 tranche de beurre de 1 cm
d'épaisseur (30 g)
1 œuf
2 cuillères à soupe de sucre roux
1 cuillère à café d'extrait
de vanille liquide
1 cuillère à soupe de crème liquide
5 cuillères à soupe de farine
½ cuillère à café de levure chimique

glaçage & déco

4 cuillères à soupe de sucre glace
1 cuillère à café d'eau
½ cuillère à café de mini
billes de sucre multicolores

Faire fondre le beurre dans un bol 20
secondes au micro-ondes (800 watts).

Dans un mug : ajouter en fouettant
successivement l'œuf, le sucre roux et l'extrait
de vanille liquide, puis la crème liquide, la farine,
la levure chimique et le beurre fondu.

Cuire au micro-ondes 1 minute et
40 secondes (800 watts).

Décorer avec le glaçage (voir p. 6) et des
mini billes de sucre multicolores.

mug cake citron

INGRÉDIENTS

1 tranche de beurre de 1 cm
d'épaisseur (30 g)
4 cuillères à soupe rases de sucre
2 cuillères à café de zestes de citron
1 œuf
½ cuillère à café de sucre vanillé
4 cuillères à café de crème liquide
6 cuillères à soupe de farine
½ cuillère à café de levure chimique

glaçage & déco

4 cuillères à soupe de sucre glace
1 cuillère à café d'eau
Colorant jaune
1 cuillère à café de vermicelles
de sucre jaunes (facultatif)

Faire fondre le beurre dans un bol 20
secondes au micro-ondes (800 watts).

Dans un mug : ajouter et fouetter successivement le
sucre, le zeste de citron, l'œuf, le sucre vanillé, la crème
liquide, la farine, la levure chimique et le beurre.

Cuire au micro-ondes 1 minute et
40 secondes (800 watts).

Décorer avec le glaçage coloré en jaune (voir
p. 6) et les vermicelles de sucre jaunes.

mug cake
orange

1 tranche de beurre de 1 cm
d'épaisseur (30 g), 1 œuf
4 cuillères à soupe de sucre
½ cuillère à café de sucre vanillé
3 cuillères à café de jus d'orange
2 cuillères à café de
crème liquide
4 cuillères à soupe de farine
3 c. à s. de poudre d'amandes

½ c. à c. de levure chimique
2 cuillères à café rases
de pépites de chocolat

glaçage & déco
4 c. à s. de sucre glace
1 cuillère à café d'eau
1,5 cuillère à café de
zeste d'orange
1 lamelle d'orange confite

Faire fondre le beurre dans un bol 20 secondes (800 watts).

Dans un mug : ajouter et fouetter successivement
le sucre, l'œuf, le sucre vanillé, la farine, le jus
d'orange, la crème liquide, la levure chimique,
le beurre fondu et les pépites de chocolat.

Cuire 1 minute et 50 secondes (800 watts) au micro-ondes.

Décorer avec du glaçage (voir p. 6), une lamelle d'écorce
d'orange confite & quelques fins rubans de zeste d'orange.

POUR 1 MUG – EN 5 MINUTES – 800 WATTS

12 - *culte*

mug cake poire
amandine

INGRÉDIENTS

½ poire pelée et épépinée
1 tranche de beurre de 1 cm
d'épaisseur (30 g)
1 œuf
2 cuillères à soupe de sucre
1 cuillère à café de sucre vanillé
1 cuillère à soupe de crème liquide
6 cuillères à soupe de farine
½ cuillère à café de levure chimique
2 cuillères à soupe d'amandes effilées

sauce au chocolat blanc
6 carrés de chocolat blanc
2 cuillères à soupe de crème liquide

Cuire la poire dans 1 cuillère à soupe d'eau 1 minute 10 (800 watts) dans un bol puis égoutter. Faire fondre le beurre 20 secondes (800 watts), dans un autre bol.

Dans un mug : ajouter et fouetter successivement l'œuf, le sucre, le sucre vanillé, la crème liquide, la farine, la levure chimique, le beurre fondu, 1 cuillère à soupe d'amandes effilées. Enfoncer la demi-poire, parsemer du reste d'amandes effilées.

Cuire au micro-ondes 1 minute et 40 secondes (800 watts).

Décorer avec la sauce au chocolat blanc (voir p. 6).

mug cake banane
& pépites choco

INGRÉDIENTS

1 tranche de beurre de 1 cm
d'épaisseur (30 g)
1 œuf
4 cuillères à soupe de sucre
1 cuillère à café de sucre vanillé
1 cuillère à café de crème liquide
4 cuillères à soupe de banane très mûre
½ cuillère de levure chimique
8 cuillères à soupe de farine
1 cuillère à soupe de
pépites de chocolat

Faire fondre le beurre dans un bol 20
secondes au micro-ondes (800 watts).

Dans un mug : ajouter et fouetter successivement
l'œuf, le sucre et le sucre vanillé, la crème, la
banane écrasée, la farine, la levure chimique,
les pépites de chocolat et le beurre fondu.

Faire cuire au micro-ondes 1 minute et 40 secondes
(800 watts).

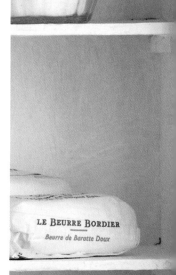

mug cake
yaourt

1 tranche de beurre de
1 cm d'épaisseur (30 g)
1 œuf
4 cuillères à soupe de sucre
1 cuillère à café de sucre vanillé
3 cuillères à café de yaourt
6 cuillères à soupe de farine

½ cuillère à café de
levure chimique

coulis & déco
2,5 cuillères à café
de sucre glace
6 cuillères à soupe de fruits rouges

Faire fondre le beurre dans un bol 20 secondes (800 watts).

Dans un mug : ajouter et fouetter successivement
le sucre, l'œuf, le sucre vanillé, le yaourt, la farine,
la levure chimique et le beurre fondu.

Cuire 1 minute et 40 secondes (800 watts) au micro-ondes.

Décorer avec ½ cuillère de sucre glace tamisé
et du coulis de fruits rouges (voir p.6).

POUR 1 MUG – EN 5 MINUTES – 800 WATTS

18 - *culte*

mug marbré

INGRÉDIENTS

1 tranche de beurre de 1 cm
d'épaisseur (30 g)
3 carrés de chocolat noir
1 œuf
3 cuillères à soupe de sucre
½ cuillère à café rase de sucre vanillé
1 cuillère à soupe de crème liquide
2 cuillères à soupe de
poudre de noisettes
5 cuillères à soupe de farine
½ cuillère à café de levure chimique

Faire fondre le beurre dans un bol 20 secondes au micro-ondes (800 watts). Faire fondre le chocolat dans un autre bol 1 minute 10 au micro-ondes (800 watts).

Dans un troisième bol, ajouter et fouetter successivement l'œuf, le sucre, le sucre vanillé, la crème liquide, la poudre de noisettes, la farine, la levure chimique et le beurre fondu.

Mélanger un tiers de la pâte et le chocolat fondu.

Dans un mug : ajouter cuillerée par cuillerée la pâte parfumée et la pâte non parfumée. Avec un couteau, tracer une vague dans la pâte pour créer des marbrures.

Cuire au micro-ondes 1 minute et 40 secondes (800 watts).

mug cake
Carambar®

1 tranche de beurre de
1 cm d'épaisseur (30 g)
1 œuf
4 cuillères à soupe de sucre
2 cuillères à soupe de compote
6 cuillères à soupe de farine
½ cuillère à café de
levure chimique
2 Carambar®

sauce au Carambar®
2 Carambar®
1 cuillère à soupe de
crème liquide

Faire fondre le beurre dans un bol 20 secondes (800 watts).

Dans un mug : ajouter et fouetter successivement le
sucre, l'œuf, la farine, la compote, la levure chimique et le
beurre fondu. Enfoncer 1 Carambar au milieu de la pâte.

Cuire 1 minute et 40 secondes (800 watts) au micro-ondes.

Décorer avec la sauce au Carambar® (voir p.6) et
un Carambar® cassé en deux en topping.

POUR 1 MUG – EN 5 MINUTES – 800 WATTS

22 - *ultimate*

mug cake
marshmallow

1 tranche de beurre de ½
cm d'épaisseur (15 g)
1 œuf
1,5 cuillère à soupe de sucre
1 cuillère à soupe de crème
liquide
3 cuillères à soupe de
peanut butter mou
5 cuillères à soupe de farine

½ cuillère à café de
levure chimique
1 marshmallow

déco
sucre glace

Faire fondre le beurre dans un bol 20 secondes (800 watts).

Dans un mug : ajouter et fouetter successivement
l'œuf, le sucre, la crème liquide, le peanut butter mou,
la farine, la levure chimique et le beurre fondu.

Ajouter le marshmallow coupé en 4 sur la pâte.

Cuire 1 minute et 40 secondes (800 watts) au micro-ondes.

Décorer avec le sucre glace.

POUR 1 MUG – EN 5 MINUTES – 800 WATTS

24 - *ultimate*

mug-carrot-cake

INGRÉDIENTS

1 œuf
4 cuillères à soupe de sucre roux
½ cuillère à café de sucre vanillé
2,5 cuillères à soupe
d'huile de tournesol
4 cuillères à soupe de
carottes râpées bio
6 cuillères à soupe de farine
½ cuillère à café de levure chimique
1 pincée de cannelle ou quatre-épices

cream cheese

1 Carré frais® (70 g)
1 tranche de beurre de 0,5 cm
d'épaisseur (16 g)
2 cuillères à soupe de sucre glace
1 cuillère à café de zeste de citron

Dans un mug : ajouter et fouetter successivement l'œuf, le sucre roux, le sucre vanillé, l'huile de tournesol, les carottes râpées, la farine, la levure chimique et le quatre-épices ou la cannelle.

Cuire au micro-ondes 1 minute et 40 secondes (800 watts).

Décorer avec une petite couche de glaçage au cream cheese (voir p. 6).

mug cake
choco-coco

1 tranche de beurre de
1 cm d'épaisseur (30 g)
1 œuf
2 cuillères à soupe de sucre
½ cuillère à café de sucre vanillé
1 cuillère à soupe de
crème liquide
6 cuillères à soupe de farine

½ cuillère à café de
levure chimique
4 cuillères à soupe de
noix de coco râpée

sauce choco & déco
1 cuillère à café rase de
noix de coco râpée
5 carrés de chocolat
1 cuillère à café d'huile neutre

Faire fondre le beurre dans un bol 20
secondes au micro-ondes (800 watts).

Dans un mug : ajouter et fouetter successivement l'œuf,
le sucre, le sucre vanillé, la crème liquide, la farine, la
levure chimique, le beurre fondu et la noix de coco.

Cuire au micro-ondes 1 minute et 40 secondes (800 watts).

Décorer avec la sauce au chocolat
(voir p.6) et la noix de coco.

POUR 1 MUG – EN 5 MINUTES – 800 WATTS

28 - *ultimate*

mug cake frangipane

INGRÉDIENTS

1 tranche de beurre de 1 cm d'épaisseur (30 g)
1 œuf
4 cuillères à soupe de sucre
½ cuillère à café de sucre vanillé
2 cuillères à café de crème liquide
½ cuillère à café d'extrait d'amande amère
6 cuillères à soupe de farine
½ cuillère à café de levure chimique
2 cuillères à soupe de poudre d'amandes
2 cuillères à soupe de raisins secs
1 cuillère à soupe d'Amaretto (ou un autre alcool, au choix)

déco
Crème anglaise

Faire fondre le beurre dans un bol 20 secondes au micro-ondes (800 watts).

Dans un mug : ajouter et fouetter successivement l'œuf, le sucre, le sucre vanillé, la crème liquide, l'extrait d'amande amère, la farine, la poudre, la levure chimique, le beurre fondu, les raisins secs et l'amaretto.

Cuire au micro-ondes 1 minute et 50 secondes (800 watts).

Servir avec de la crème anglaise.

mug cake
fruits secs

1 tranche de beurre de
1 cm d'épaisseur (30 g)
1 œuf
2 cuillères à soupe de sucre ½
cuillère à café de sucre vanillé
1 cuillère à soupe de
crème liquide
1 cuillère à soupe de
confiture d'abricots

5 cuillères à soupe de farine
½ cuillère à café de
levure chimique
1 cuillère à soupe de noisettes
1 cuillère à soupe d'amandes
1,5 cuillère à soupe de pistaches

déco
½ cuillère à café de confiture
1 cuillère à soupe de pistaches

Faire fondre le beurre dans un bol 20 secondes (800 watts).

Dans un mug : ajouter et fouetter successivement l'œuf,
le sucre, le sucre vanillé, la crème liquide, la confiture
d'abricots, la farine, la levure chimique, le beurre fondu,
les noisettes, les amandes et les pistaches hachées.

Cuire 1 minute et 40 secondes (800 watts) au micro-ondes.

Étaler une fine couche de confiture sur le bord extérieur
et coller les morceaux de pistache restants.

POUR 1 MUG – EN 5 MINUTES – 800 WATTS

32 - *ultimate*

mug financier
cœur coulant chocolat blanc

INGRÉDIENTS

1 tranche de beurre de 1 cm
d'épaisseur (30 g)
2 cuillères à soupe de sucre glace
3 cuillères à soupe de farine
2 cuillères à soupe de
poudre d'amandes
1 cuillère à soupe de
poudre de noisettes
¼ de cuillère à café de levure chimique
1 blanc d'œuf
3 carrés de chocolat blanc

déco

2 noisettes

Faire fondre le beurre dans un bol 20
secondes au micro-ondes (800 watts).

Dans un mug : ajouter et fouetter successivement
le sucre glace, la farine, la poudre d'amandes,
la poudre de noisettes, la levure chimique,
le blanc d'œuf et le beurre fondu.

Ajouter les carrés de chocolat blanc sur la pâte.

Cuire au micro-ondes 1 minute et
30 secondes (800 watts).

Décorer avec les noisettes grossièrement concassées.

mug cake
cœur coulant

1 tranche de beurre de
1 cm d'épaisseur (30 g)
1 œuf
4 cuillères à soupe de sucre
1 cuillère à café de sucre vanillé
2 cuillères à café de
crème liquide
2,5 cuillères à soupe de
cacao non sucré en poudre

6 cuillères à soupe de farine
½ cuillère à café de
levure chimique
2 ou 3 carrés de chocolat

Faire fondre le beurre dans un bol 20 secondes (800 watts).

Dans un mug : ajouter et fouetter successivement
l'œuf, le sucre, le sucre vanillé, la crème liquide, le
cacao, la farine, la levure chimique, le beurre fondu.

Enfoncer les carrés de chocolat au cœur de la pâte.

Cuire 1 minute et 20 secondes (800 watts) au micro-ondes.

POUR 1 MUG – EN 5 MINUTES – 800 WATTS

36 - *spécial chocolat*

mug fondant
au chocolat

INGRÉDIENTS

1 œuf
1 fine lamelle de beurre (10 g)
4 cuillères à soupe de sucre
½ cuillère à café de sucre vanillé
3 cuillères à soupe de cacao
non sucré en poudre

déco

1 carré de chocolat
Framboises (facultatif)
Petites meringues (facultatif)

Faire fondre le beurre dans un bol 10 secondes au micro-ondes (800 watts).

Dans un mug : ajouter et fouetter successivement l'œuf, le sucre, le sucre vanillé, le beurre et le cacao.

Cuire au micro-ondes 1 minute (800 watts).

Décorer avec le carré de chocolat haché, quelques framboises et une petite meringue.

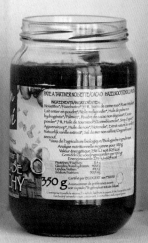

mug brownie
3 chocolats

1 tranche de beurre de
1 cm d'épaisseur (30 g)
1 œuf
4 cuillères à soupe de sucre
6 cuillères à soupe de farine
3 cuillères à soupe de cacao
non sucré en poudre
½ cuillère à café de
levure chimique

1 cuillère à soupe de
crème liquide
2 cuillères à soupe de
pépites de chocolat
2 cuillères à soupe de pâte
à tartiner aux noisettes
croustillantes

Faire fondre le beurre dans un bol 20 secondes (800 watts).

Dans un mug : ajouter et fouetter successivement l'œuf,
le sucre, le beurre fondu, la farine, le cacao, la levure
chimique, la crème liquide et les pépites de chocolat.

Étaler la pâte à tartiner aux noisettes
sur le bord intérieur du mug.

Cuire 1 minute et 20 secondes (800 watts) au micro-ondes.

POUR 1 MUG – EN 5 MINUTES – 800 WATTS

40 - *spécial chocolat*

mug cake
caramel salé

1 tranche de beurre de
1 cm d'épaisseur (30 g)
1 œuf
3 cuillères à soupe de sucre
1 cuillère à soupe de
crème liquide
2 cuillères à soupe rases de
cacao non sucré en poudre
6 cuillères à soupe de farine

½ cuillère à café de
levure chimique
3 caramels au beurre salé
coupés en morceaux

Faire fondre le beurre dans un bol 20 secondes (800 watts).

Dans un mug : ajouter et fouetter l'œuf, le sucre, la crème liquide, le cacao, la farine, la levure chimique, le beurre fondu et le beurre salé coupés en morceaux.

Cuire 1 minute et 20 secondes (800 watts) au micro-ondes.

POUR 1 MUG – EN 5 MINUTES – 800 WATTS

42 - *spécial chocolat*

mug cake au **Nutella**®

INGRÉDIENTS

1 œuf

3 cuillères à soupe de sucre

4 cuillères à soupe de **Nutella®**

5 cuillères à soupe de farine

½ cuillère à café de levure chimique

2 cuillères à soupe de cacao
non sucré en poudre

Dans un mug : ajouter et fouetter successivement l'œuf, le sucre, le **Nutella®**, la farine, le cacao et la levure chimique.

Cuire au micro-ondes 50 secondes (800 watts). Laisser reposer 1 à 2 minutes avant de déguster.

mug marbré choco-café

INGRÉDIENTS

1 tranche de beurre de 1 cm
d'épaisseur (30 g)
1 œuf
4 cuillères à café de crème liquide
2 cuillères à soupe de sucre
1 cuillère à café de sucre vanillé
5 cuillères à soupe de farine
½ cuillère à café de levure chimique
3 carrés de chocolat
1 cuillère à café de café soluble

Faire fondre le beurre dans un bol 20 secondes au micro-ondes (800 watts). Faire fondre le chocolat noir dans un autre bol 1 minute 10 au micro-ondes (800 watts).

Dans un troisième bol, ajouter et fouetter successivement l'œuf, le sucre, le sucre vanillé, la crème liquide, la farine, la levure chimique et le beurre fondu.

Mélanger le chocolat fondu avec le café soluble et la moitié de la pâte.

Dans un mug : ajouter cuillerée par cuillerée la pâte parfumée et la pâte non parfumée. Avec un couteau, tracer une vague dans la pâte pour créer des marbrures.

Cuire au micro-ondes 1 minute et 40 secondes (800 watts).

mug cake aux fruits confits

INGRÉDIENTS

1 tranche de beurre de 1 cm
d'épaisseur (30 g)
1 œuf
2 cuillères à soupe de sucre
1 cuillère à soupe de crème liquide
½ cuillère à café d'extrait
d'amande amère
5 cuillères à soupe de farine
½ cuillère à café de levure chimique
1 cuillère à soupe de dés de
fruits confits assortis
2 cuillères à café de raisins secs blonds
1 cuillère à café d'amandes
émondées coupées en rondelles

déco

1 cerise confite
Sucre glace

Faire fondre le beurre dans un bol 20 secondes
au micro-ondes (800 watts).

Dans un mug : fouetter et ajouter successivement
le sucre, l'œuf, l'extrait d'amande amère, la
crème, la farine, la levure chimique, le beurre
fondu, les dés de fruits confits, les raisins secs
et les amandes coupées en rondelles.

Cuire au micro-ondes 1 minute et
40 secondes (800 watts).

Décorer avec la cerise confite coupée
en deux et le sucre glace tamisé.

mug financier
aux fruits rouges

INGRÉDIENTS

1 tranche de beurre de 1 cm
d'épaisseur (30 g)
3 cuillères à soupe de sucre glace
3 cuillères à soupe de farine
3 cuillères à soupe de
poudre d'amandes
¼ de cuillère à café de levure chimique
1 blanc d'œuf
1 cuillère à soupe de fruits rouges
4 framboises

déco
½ cuillère à café de sucre glace

Faire fondre le beurre dans un bol 20
secondes au micro-ondes (800 watts).

Dans un mug : ajouter et fouetter successivement le
sucre glace, la farine, la poudre d'amandes, la levure
chimique, le blanc d'œuf et le beurre fondu. Ajouter
les fruits rouges et les framboises sur la pâte.

Cuire au micro-ondes 1 minute et
30 secondes (800 watts).

Décorer avec le sucre glace.

mug crumble
à la pomme

INGRÉDIENTS

½ pomme

1 cuillère à café de sucre
vanillé ou de sirop d'érable

1 cuillère à café de jus de citron

1 cuillère à soupe d'eau

1 pincée de cannelle en poudre

crumble

1 tranche de beurre demi-sel
de ½ cm d'épaisseur (15 g)

1 cuillère à soupe de petits
flocons d'avoine

4 cuillères à soupe de farine

2 cuillères à soupe de sucre de canne

2 amandes émondées
coupées en morceaux

Mélanger le beurre demi-sel bien froid, les petits flocons d'avoine, la farine, le sucre de canne et les amandes.

Dans un mug : mélanger la pomme épluchée et coupée en dés, le jus de citron, le sucre vanillé ou le sirop d'érable, la cannelle et l'eau.

Cuire au micro-ondes 3 minutes (800 watts).

Ajouter le crumble sur la pâte. Cuire au micro-ondes 2 minutes 30 (800 watts).

mug cake tropical

INGRÉDIENTS

1 tranche de beurre de 1 cm
d'épaisseur (30 g)
1 œuf
2 cuillères à soupe de sucre
1 cuillère à café de sucre vanillé
1 cuillère à soupe de crème liquide
5 cuillères à soupe de farine
2 cuillères à soupe de noix
de coco en poudre
½ cuillère à café de levure chimique
2 cuillères à soupe rases
d'ananas finement haché
1 cuillère à soupe de rhum

déco

quelques morceaux d'ananas frais
½ cuillère à café de sucre glace
glace vanille

Faire fondre le beurre dans un bol 20
secondes au micro-ondes (800 watts).

Dans un mug : ajouter et fouetter successivement
l'œuf, le sucre, le sucre vanillé, la crème liquide,
la farine, la noix de coco, la levure chimique,
le beurre fondu, l'ananas et le rhum.

Cuire au micro-ondes : 1 minute et
40 secondes (800 watts).

Décorer avec quelques morceaux d'ananas
et le sucre glace ou une boule de glace.

mug cake thé vert
& framboises

INGRÉDIENTS

1 tranche de beurre de 1 cm
d'épaisseur (30 g)
1 œuf
4 cuillères à soupe de sucre
½ cuillère à café de sucre vanillé
1 cuillère à soupe de crème liquide
5 cuillères à soupe de farine
2 cuillères à soupe de
poudre d'amandes
¼ de cuillère à café de thé matcha
½ cuillère à café de levure chimique
6 framboises

déco

½ cuillère à café de sucre glace

Faire fondre le beurre dans un bol 20
secondes au micro-ondes (800 watts).

Dans un mug : ajouter et fouetter successivement
l'œuf, le sucre, le sucre vanillé, la crème liquide,
la farine, la poudre d'amandes, le thé matcha,
la levure chimique et le beurre fondu.

Mélanger délicatement les framboises à la cuillère.

Cuire au micro-ondes 1 minute et
50 secondes (800 watts).

Décorer avec le sucre glace.

mug cake myrtilles-ricotta

INGRÉDIENTS

1 tranche de beurre de 1 cm
d'épaisseur (30 g)

1 œuf

2 cuillères à soupe de sucre

1 cuillère à café de sucre vanillé

1,5 cuillère à soupe de ricotta

2 ou 3 pincées de zeste de citron

5 cuillères à soupe de farine

½ cuillère à café de levure chimique

2 cuillères à soupe de myrtilles
fraîches (ou 1 cuillère à soupe
de myrtilles congelées)

Faire fondre le beurre dans un bol 20
secondes au micro-ondes (800 watts).

Dans un mug: ajouter et fouetter successivement
l'œuf, le sucre, le sucre vanillé, la ricotta, le zeste de
citron, la farine, la levure chimique et le beurre fondu.

Mélanger les myrtilles.

Cuire au micro-ondes 1 minute et
40 secondes (800 watts).

mug cookie peanut butter
& sésame

INGRÉDIENTS

1 tranche de beurre demi-sel
de ½ cm d'épaisseur (15 g)
1 cuillère à soupe de sucre
1 jaune d'œuf
4 cuillères à soupe de farine
½ cuillère à café de graines de sésame
1 cuillère à soupe de peanut butter

Dans un mug : faire fondre le beurre 20 secondes au micro-ondes (800 watts). Ajouter et fouetter successivement le sucre, le jaune d'œuf, le peanut butter mou, la farine et les graines de sésame.

Cuire au micro-ondes 1 minute au micro-ondes (800 watts).

mug cookie
aux M&M's®

1 tranche de beurre demi-sel
de ½ cm d'épaisseur (15 g)
1 jaune d'œuf
1 cuillère à soupe de sucre roux
1 cuillère à café de sucre vanillé

4 cuillères à soupe de farine
4 **M&M's®** grossièrement
hachés

Dans un mug : faire fondre le beurre 20 secondes
au micro-ondes (800 watts). Ajouter et
fouetter successivement le sucre roux, le
sucre vanillé, le jaune d'œuf et la farine.

Ajouter les **M&M's®** sur la pâte.

Cuire 1 minute (800 watts) au micro-ondes.

POUR 1 MUG – EN 5 MINUTES – 800 WATTS

62 - *mug cookie*

mug cookie chocolate chips

INGRÉDIENTS

1 tranche de beurre demi-sel
de ½ cm d'épaisseur (15 g)
1,5 cuillère à soupe de sucre roux
½ cuillère à café de sucre vanillé
1 jaune d'œuf
4 cuillères à soupe de farine
1 cuillère à café de raisins secs
2 cuillères à café de pépites de chocolat
1 carré de chocolat au caramel
(Nestlé Dessert® caramel)

Dans un mug : faire fondre le beurre demi-sel 20 secondes au micro-ondes (800 watts). Ajouter et fouetter successivement le sucre roux, le sucre vanillé, le jaune d'œuf, la farine, les pépites de chocolat et les raisins secs.

Ajouter le carré de chocolat au caramel sur la pâte.

Cuire au micro-ondes 1 minute (800 watts).

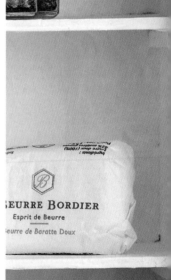

mug cookie
airelles

1 tranche de beurre de ½
cm d'épaisseur (15 g)
1,5 cuillère à soupe
de sucre roux
½ cuillère à café de sucre vanillé
1 jaune d'œuf
4 cuillères à soupe de farine

1 cuillère à soupe
d'airelles séchées
2 carrés de chocolat blanc

Dans un mug : faire fondre le beurre demi-sel 20 secondes
(800 watts). Ajouter et fouetter successivement le sucre
roux, le sucre vanillé, le jaune d'œuf, la farine, la moitié des
airelles et 1 carré de chocolat blanc haché au couteau.

Ajouter les airelles restantes et 1 carré de
chocolat blanc haché, sur la pâte.

Cuire 1 minute (800 watts) au micro-ondes.

POUR 1 MUG – EN 5 MINUTES – 800 WATTS

66 - *mug cookie*

mug cookie pain d'épice

INGRÉDIENTS

1 tranche de beurre de ½
cm d'épaisseur (15 g)
1 cuillère à soupe de sucre roux
1 cuillère à café de sucre vanillé
1 jaune d'œuf
1 cuillère à soupe de miel
¼ de cuillère à café d'épices
pour pain d'épice
2,5 cuillères à soupe de farine complète
2 cuillères à soupe de farine classique
1 bâton d''écorce d'orange confite (ou
zeste râpé d'une orange non traitée)

Dans un mug : faire fondre le beurre 20 secondes
au micro-ondes (800 watts). Ajouter et fouetter
successivement le sucre roux, le sucre vanillé, le
miel, le jaune d'œuf, les farines et les épices.

Ajouter le bâton d'écorce d'orange confite
coupé en tout petits morceaux sur la pâte.

Cuire au micro-ondes 1 minute (800 watts).

mug cookie citron-pavot

INGRÉDIENTS

1 tranche de beurre demi-sel
de ½ cm d'épaisseur (15 g)
1 cuillère à soupe de sucre
1 jaune d'œuf
2 cuillères à soupe de farine
2 cuillères à soupe de
poudre d'amandes
½ cuillère à café de zeste de citron
+ ½ cuillère à café de graines de pavot

Dans un mug : faire fondre le beurre demi-sel 20 secondes au micro-ondes (800 watts). Ajouter et fouetter successivement le sucre, le zeste de citron, le jaune d'œuf, la farine, la poudre d'amandes et les graines de pavot.

Cuire au micro-ondes 1 minute (800 watts).

Remerciements

Pour Lou...
Fred, martyr de mug cakes à la maison.
Richard pour ses belles photos, toujours prêt à donner un coup de main, merci !
Jennifer pour ses papilles gustatives, merci pour ton soutien, les conseils et l'esprit d'équipe...
Pauline et Rosemarie pour la confiance, l'intuition et votre sens de la mesure...
Toute l'équipe de Marabout qui a rendu ce projet possible !

Shopping mugs

Iittala, www.iittala.com
Monoprix, www.monoprix.fr
Habitat, www.habitat.fr
Marimekko, www.marimekko.com
Alessi, www.alessi.com

© Hachette Livre (Marabout) 2013
43, quai de Grenelle, 75905 Paris Cedex 15
Dépôt légal : août 2013
4122016-08
ISBN : 978-2-501-08192-4
Achevé d'imprimer en Espagne chez Graphicas Estella en août 2014